루카 노벨리(LUCA NOVELLI)

작가, 만화가 겸 저널리스트. 이탈리아에서 태어나고 자랐어요. 이탈리아 국영 방송국을 비롯하여 세계자연기금, 박물관, 대학 등과 협력하여 과학과 관련한 많은 프로젝트를 진행했어요. 라이 에듀케이셔널에서는 이 시리즈물의 바탕이 된 〈천재의 불꽃(Lampi di Genio)〉 프로그램의 작가 겸 디렉터로 일하기도 했어요.
2001년에는 이탈리아의 환경보호 단체인 레감비엔테가 수여하는 상을, 2004년에는 과학 대중화에 기여한 공로로 안데르센 상을 받았답니다. 또한, 2004년에 그는 다윈2 프로젝트를 시작하여 예전에 진행된 다윈의 비글호 탐험을 재현하기도 했어요. 그의 작품은 전 세계 20여 개 나라의 언어로 소개되어 어린이와 청소년의 꾸준한 사랑을 받고 있어요.

정수진

영어와 책이 좋아서 번역가가 되었답니다. 글로벌 IT기업 번역 일을 하면서 바른번역 소속 출판번역가로도 활동하고 있어요. 어린 딸과 함께 읽을 수 있는 좋은 책들을 번역하는 게 큰 기쁨이랍니다. 옮긴 책으로는 『아인슈타인과 신기한 타임머신』, 『토르의 황금 밧줄을 찾아서』, 『샤크 레이디』, 『여자도 달릴 수 있어!』 등이 있어요.

DARWIN

For the Italian edition:

Original title: Darwin e la vera storia dei dinosauri

Texts and illustrations by Luca Novelli

Cover graphic design by Alessandra Zorzetti

Graphic design by Studio Link (www.studio-link.it)

Copyright © 2000 Luca Novelli/Quipos srl

Copyright © 2001, 2019 Editoriale Scienza S.r.l., Firenze –Trieste

www.editorialescienza.it

www.giunti.it

All rights reserved

No part of this book may be used or reproduced in any manner
whatever without written permission, except in the case of brief quotations embodied
in critical articles or reviews.

Korean Translation Copyright © 2020 by Chungaram Media
Published by arrangement with Editoriale Scienza S.r.l.,
through BC Agency, Seoul.

이 책의 한국어판 저작권은 BC 에이전시를 통한 저작권자와의 독점 계약으로 청어람미디어에 있습니다.
신 저작권법에 의해 한국 내에서 보호를 받는 저작물이므로 무단전재와 무단복제를 금합니다.

다윈과 어마어마한 공룡

루카 노벨리 글·그림 | 정수진 옮김

청어람 아이

찰스 다윈
Charles Darwin

찰스 다윈은 처음으로 진화론을 발표하고 인류의 기원을
밝히려는 연구를 시작한 박물학자예요. 평생 화석을 모으고
멸종 동물 수백 종을 연구했지요. 하지만 다윈은 그 시대
소수의 학자들 사이에서 가장 인기 있었던 주제인 '공룡'에
대해서는 별 관심이 없었어요.
공룡에 대해 주로 논의했던 학자는 다윈의 절친한 친구이자
지지자였던 토마스 헉슬리와 다윈의 가장 큰 앙숙이었던 리처드
오웬 교수였어요.
다윈과 공룡의 신기한 인연은 여기서 끝나지 않았어요.
다윈의 책, 『종의 기원』을 놓고 격렬한 논쟁이 벌어진 배경에는
공룡의 치솟는 인기가 한몫했어요.
공룡을 연구한 학자들이 진화에 대해서도 할 말이 많았던 거죠.

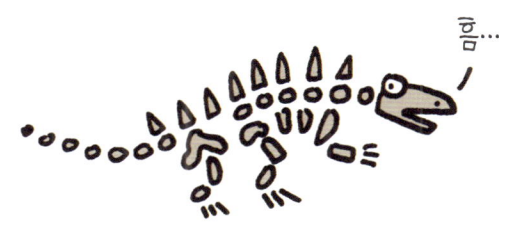

차례

이 책의 내용을 소개합니다 8

1. 나, 찰스 다윈! 13
2. 우리 할아버지는 남다른 사람 17
3. 뭔가 좀 부족한 학생 21
4. 우유부단한 사람 25
5. 모험의 시작 29
6. 항해를 함께한 동료들 33
7. 자연의 경이로움이 가득한 곳 37
8. 몬테비데오의 환영 인사 41
9. 티에라델푸에고 45
10. 자연에서 얻은 깨달음 49
11. 생물 다양성의 보고, 갈라파고스 제도 53
12. 대장정의 마무리 57
13. 성공한 박물학자 61
14. 종의 기원 65
15. 이제는 세상에 나서야 할 때 69
16. 흠잡을 데 없는 이론 73
17. 인류의 기원 77
18. 자연과 함께하는 삶 81

안녕! 다윈! 84
진화론 사전 87
특별 인터뷰: 찰스 다윈 선생님께 드리는 10가지 질문 110

정말 궁금해!

'공룡'이란 단어조차 없었던 시대도 있었다는데? ················ 12
메갈로사우루스는 어떻게 등장했을까? ························ 16
몸통 전체로 재구성된 공룡 이빨 화석은? ······················ 20
'공룡'이라는 말의 어원은? ····································· 24
까마득한 옛날엔 모든 대륙이 하나로 연결되었다며? ············ 28
화석이란 게 도대체 뭐지? ····································· 32
라마르크, 진화론을 주장하다 ································· 36
라마르크의 용불용설은 뭘까? ································· 40
라이엘, 다윈에게 큰 영향을 끼치다 ···························· 44
멸종한 종과 현재 살아남은 종의 관계는? ······················ 48
공룡 화석을 찾기 쉽지 않은 이유는? ·························· 52
핀치새 부리의 모양은 왜 다르지? ······························ 56
공룡의 종류가 엄청나게 많았다면서? ·························· 60
포유류의 조상, 시노그나투스 ································· 64
공룡 복원 작업은 정말 어려워! ································ 68
'다이노서'라는 이름은 어떻게 만들어졌나? ····················· 72
날개를 가진 공룡, 콤프소그나투스의 발견 ····················· 76
공룡과 조류의 관계는? ······································· 80

이 책의 내용을 소개합니다

찰스 다윈이 들려주는
어린 시절 이야기

범선 '비글 호'를 타고
세계를 항해한 이야기

열대우림과 갈라파고스
제도를 탐험하고 수많은
동물을 관찰한 이야기

다윈이 주장한
자연선택 이론

대가족이었던 다윈의 가족과 다윈이 쓴 아주 유명한 책 이야기

인류의 기원에
대한 다윈의 생각

공룡에 얽힌 진실

17세기까지 유럽, 아시아, 아프리카에 살았던 학자 대부분은 지구상에 살고 있는 생명체는 몇 백 종에 지나지 않는다고 믿었어요. 특히 육상 동물의 숫자는 노아의 방주에 타고 있었던 숫자를 넘어설 수 없다고 생각했어요. 대홍수를 피한 종만 남았을 테니까요.

그런데 아메리카 대륙이 발견되면서 훨씬 더 많은 생물 종이 알려졌어요.

동시에 지구의 암석과 깊은 땅속 지층에서 신비한 동물 화석들이 더 많이 발견되기 시작했어요. 사람들은 화석의 주인이 어마어마하게 크고 괴물 같은 존재일 거라 상상했지요. 자연을 신의 뜻을 보여주는 '책'으로 여기던 사람들, 즉 성경을 말 그대로 해석하던 사람들에게 그 화석은 대홍수 때 물에 빠져 죽은 동물이라고밖에 설명할 수 없었어요. 대홍수 시대 이전에 살았던 괴물이라 믿었던 거죠.

'공룡'이란 단어조차
없었던 시대도 있었다는데?

찰스 다윈이 태어났을 때는 공룡에 대해 아는 사람이 아무도 없었어요. '공룡'이라는 단어조차 존재하지 않았지요.
물론, 공룡 화석은 이미 발견되고 있었어요. 어쩌면 그래서 불꽃과 연기를 내뿜는 신기한 파충류인 '용'이 등장하는 전설이 생겨난 것 아닐까요?

1. 나, 찰스 다윈!

애들아, 안녕? 난 찰스 로버트 다윈이야. 너희 시대 사람들에게 나는 인류 역사상 가장 위대한 박물학자로 알려져 있어. 자연선택 이론을 발견했고, 인간을 중심으로 하는 창조론에서 벗어나, (완전히 맞는 말은 아니지만) 인류가 유인원의 후손이라고 말한 사람이지. 하지만 우리 아빠는 내가 쥐 잡을 때 말고는 쓸모가 없다고 했었단다.

나는 1809년 2월 12일, 영국 슈루즈베리에서 태어났어. 마운트 하우스라는 저택에 살았지. 마구간과 넓은 목초지가 딸린 커다란 3층짜리 집이었어. 부유한 중산층 계급을 위한 저택이었으니 불평할 게 없었지.

우리 엄마 수잔나는 내가 여덟 살 때 돌아가셨어. 어떤 분이었는지 잘 기억도 안 나. 자수와 레이스로 장식된 옷을 입었고, 수많은 아이를 낳으셨지. 나에게는 형제자매가 다섯이나 있었어. 형이 하나, 여자 형제가 넷이었지. 우리 아빠 로버트 워링 다윈은 사람들에게 존경받는 의사로, 항상 심각했어. 외모로 보자면 키가 크고 뚱뚱했지. 180센티미터가 넘는 키에 몸무게도 130킬로그램이 넘었거든. 아빠는 나에게 자주 화를 냈어. 내가 아무 데도 관심이 없고 결국 나 자신과 가족 모두에게 부끄러운 사람이 될 거라고 하셨지. 아빠는 내가 자신처럼 의사가 되기를 바랐어. 그래서 아빠가 진료한 환자들 이야기를 해주셨지. 슈루즈베리에서 산책을 나갈 때는 아빠가 치료한 환자가 있거나… 환자가 세상을 떠난 집을 보여주곤 했어.

어린 시절 나는 명랑하고 호기심이 많았지만, 공부는 열심히 하지 않았어. 시골에서 돌아다니는 걸 좋아했지. 사냥을 하거나 연못에서 달팽이 잡는 걸 좋아했고. 시간이 나면 에라스무스 형이랑 말을 타거나 캐롤라인, 수잔, 마리안 누나와 소풍을 가기도 했어. 취미는 물건 수집이었어. 주변에 있는 물건은 다 모았는데 우표, 우편물 소인, 특히 조개껍데기와 광물도 모았어.

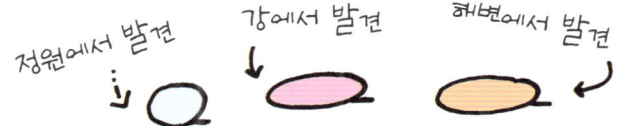

돌 수집도 좋아했는데 돌이 어디에서 왔는지 정말 궁금했지. 처음으로 표석을 봤을 때도 어디서 왔는지 궁금했어. 표석이 '이상한 바위'라고 불리는 건 아마 그런 바위가 왜 영국 시골 한복판에 있는지 아무도 모르기 때문일 거야. 사실, 몇 십 킬로미터 떨어진 곳에 같은 바위로 된 산이 있기는 해.

메갈로사우루스는 어떻게 등장했을까?

'메갈로사우루스(거대한 파충류)'라는 용어가 과학 논문에 처음으로 등장한 건 1824년이었어요. 옥스퍼드 대학의 지질학자이자 신학자였던 윌리엄 버클랜드가 옥스퍼드 대학 근처에서 화석 상태로 수집된 동물 뼈에 대해 자세히 설명했어요. 메갈로사우루스는 키가 2미터, 몸길이가 12미터에 이르는 육식 파충류였는데, 대홍수 이전에 살았던 생물로 여겨지면서 도마뱀 목(目)으로 잘못 분류되기도 했어요.

2. 우리 할아버지는 남다른 사람

어린아이치고 난 꽤나 장난꾸러기였어. 상당히 활달했고, 가끔은 욕도 하고, 나이 많은 애들을 놀라게 하려고 말도 안 되는 거짓말도 했지.
어릴 땐 버틀러 목사님이 운영하는 학교에 다녔어. 우리 집에서 1.6킬로미터 정도 떨어진 곳에 있는 크고, 어둡고, 막사 같은 건물이었단다.

우리 할아버지 에라스무스 다윈

나는 공부를 잘하지도 못하지도 않았어. 학교는 너무 구식이었어. 고대 역사와 지리밖에 안 배웠거든. 어찌나 따분하던지! 나는 공구를 보관하는 헛간에 형이랑 화학 실험실을 만들어서 온갖 이상한 실험을 했어. 그랬더니 사람들이 '가스'라는 별명을 붙여주더라고.

나는 어릴 때부터 자연을 정말 좋아했어. 규칙은 별로 잘
지키지 않았고.
아마도 우리 할아버지를 좀 닮았지 싶어. 우리 아빠는 별로
할아버지를 자랑스러워하지 않지만, 할아버지는 정말 굉장했어.
내가 태어나기 7년 전에 돌아가셔서 직접 뵌 적은 없지만, 우리
집에는 할아버지와 관련된 책과 물건이 많았어.
어떤 것들은 가족에게 보여주기 부끄러웠는지, 아빠는
할아버지의 책과 물건들을 내가 못 보게 숨기려고 하셨지.

할아버지는 특이하고, 못생기고, 엄청 뚱뚱했지만, 여자들에게
인기가 많았어. 아이가 열넷이나 있었고, 부인이 두 명에다
애인도 따로 있었대.
할아버지는 그 시대 가장 인기 많은 의사 중 하나였대.
왕이었던 조지 3세도 할아버지에게 런던으로 와서 자기
주치의가 되어달라고 했다나. 그런데 할아버지가 거절하셨대.

할아버지는 증기기관을 발명한 제임스 와트, 위대한 화학자 조지프 프레슬리, 유명한 도자기 도예가이자 내 외할아버지가 된 조사이어 웨지우드와 친구였어.

기발한 발명가이기도 하셨지. '엄마', '아빠'라고 말할 수 있는 기계, 화장실 문을 열거나 닫으면 자동으로 물이 내려가는 변기, 사시 치료용 가짜 코까지 만드셨대. 로켓, 잠수함, 비행기도 설계하셨고. 가장 중요한 건 할아버지가 자연과학에 관심이 많아서 진화에 관한 책을 썼다는 거야. 그래, 맞아. 할아버지는 훗날 내 연구와 존재 자체의 중심이 될 바로 그 주제인 진화에 대해 책을 쓰셨어.

몸통 전체로 재구성된 공룡 이빨 화석은?

1822년 영국 서섹스 주에서 백악기 시대에 생성된 지형을 따라 거닐던 메리 앤 멘텔은 거대한 이빨 화석을 발견했어요. 마침 그녀의 남편은 고생물학에 굉장히 관심이 많은 의사였어요. 훗날 이구아노돈(Iguanodon)이라는 이름을 얻게 될 이 화석 조각은 프랑스 파리에 살던, 당대 최고의 고생물학자 조지 퀴비에에게 보내졌어요. 퀴비에는 비교 해부학의 대가였지요. 뼈 하나로 동물의 몸통 전체를 재구성할 수 있었어요. 화석의 주인에 대한 가설은 여러 가지가 있었지만, 사람들이 상상해낸 생명체는 실제와 매우 달랐어요. 실제와 가깝게 상상한 사람은 퀴비에가 유일했답니다.

3. 뭔가 좀 부족한 학생

아까도 말했지만 난 학교에서는 눈에 띄는 학생이 아니었어. 버틀러 목사님이 운영하는 회색 학교 건물에 갇혀 있느니, 강을 따라 걸으며 조개껍데기를 모으고 새가 날아가는 걸 관찰하는 편이
훨씬 나았지. 조류 관찰이 왜 신사들 사이에서 사랑받는 취미가 아닌지 정말 이해할 수가 없다니까. 나는 해변을 산책하다가 잠시 멈추고 농부나 어부와 대화하는 것도 좋아했어. 기나긴 겨울밤에는, 아니면 나가지 못하고 집에 얌전히 있어야 할 때는 아빠의 서재에서 과학책과 자연책을 읽었지.
그림이 가장 좋았던 책은 뷔퐁이 쓴 『자연사』였어. 우리에게 익숙한 동물과 여러 대륙에 사는 이국적인 동물 그림이 가득했지.

서재에는 할아버지가 쓴 이상한 책들도 있었어. 과학적인 내용을 시로 표현한 『식물 정원』이라는 책도 있었지. 식물의 사랑과 짝짓기를 영웅시격 2행 연구로 쓴 시였어. 내가 보기엔 할아버지 책 중에는 말도 안 되는 것들도 많지만 그래도 아주 가끔씩은 놀랄 만한 아이디어도 있었어. DNA 개념도 생각해내셨다고.

아무튼, 이제 다시 내 얘기로 돌아가자고. 열여섯 살이 되도록 나는 거의 공부를 하지 않았어. 그러다 아빠가 나를 에든버러 대학의 의과대학에 입학시켰어. 난 아무 의욕 없이 수업을 받았어. 그러다 3학년 때 실제 수술실에서 보조를 하게 되었는데 피가 철철 흐르고 환자가 소리 지르는 모습을 도저히 못 견디겠더라고.

1827년에는 아직 마취도, 수술복도, 위생 관리나 살균 소독된 메스도 없었어. 그쯤 되자 내가 훌륭한 의사가 될 수 없다는 게 확실해졌어. 나는 수술실을 나와 에든버러 대학을 떠났지. 그리고 '마지막으로 한 번만 더 해보라'는 아빠의 뜻에 따라 케임브리지 대학에 들어가야 했어.

영국 교회의 성직자가 될 수 있는 학위를 받을 기회였어. 성공회 사제가 되는 길이었지. 아빠 말로는 좋은 직업이래.

'공룡'이라는 말의 어원은?

'공룡(Dinosaur)'이라는 말은 '끔찍한(deinos)'과 '도마뱀(sauros)'이라는 두 그리스어 단어에서 비롯되었어요. 영국의 의사이자 고생물학자 리처드 오웬이 1841년에 만들어낸 이름이랍니다. 완강한 반(反)진화론자로서 다윈의 적이었던 오웬은 공룡이 노아의 홍수 혹은 다른 홍수로 익사한 생물이라고 믿었어요. 당시에는 대홍수 외에 다른 홍수가 더 있었다는 학설이 힘을 얻는 분위기였거든요.

4. 우유부단한 사람

케임브리지에서 뜻밖의 일이 일어났어. 태어나서 처음으로 자연을 향한 나의 열정을 격려해주는 선생님 두 분을 만난 거야. 존 스티븐스 헨슬로 교수님과 아담 세지윅 교수님이었어. 두 분은 나에게 식물과 곤충 표본을 만드는 법과 새나 다른 동물을 보존하는 법도 가르쳐주었지.

나는 헨슬로 교수님, 세지윅 교수님과 함께 자주 식물이나 지질학 탐사를 나갔어. 두 분은 나를 존중하고 친구처럼 대해 주셨지. 1831년의 어느 날, 마지막 시험을 앞두고 있는 나에게 헨슬로 교수님이 믿을 수 없는 제안을 하셨어.

사실 그건 굉장히 심각한 모험이었어. 영국 해군이 주관하는 탐사였거든. 내가 탈 배는 영국 국왕 폐하의 배였어. 전쟁에 투입되던 쌍돛대 범선, 비글(Beagle) 호였지. 우리의 임무는 페루, 칠레, 티에라델푸에고 해안과 태평양 군도를 따라 탐사를 하면서 전 세계에 측량 기지를 만드는 것이었어. 헨슬로 교수님은 나를 탐사팀에 가장 적합한 박물학자로 추천했고.

당연히 아빠는 난리가 났지. 내가 의학 전공으로 졸업하는 것도 아니고, 집안 전통을 깨고 아무 쓸모 없는 학위를 받은 데다, 성직자의 길을 포기하고 끝이 보이지 않는 모험을 떠난다니 말이야. 내가 아무 쓸모도 없다고 생각하신 거야.

결국 나는 케임브리지 대학 대표로 탐험을 떠나게 되었어. 임무에 대한 보상은 따로 없었고, 5년 동안 수입이 없을 예정이었지. 아빠 말고도 문제가 더 있었어. 탐사팀을 지휘하는 로버트 피츠로이  선장이 나를 좋아하지 않는다는 거지. 나보다 겨우 네 살이 많은데 해군 경력이 많더라고. 나를 위아래로 훑어보더니 '이 친구는 멀미에서 벗어나질 못하겠구먼'이라고 생각하는 듯했어. 내가 탐사에 어울리지 않는다고 생각한 것 같아.
나도 좀 마음에 걸리긴 했어. 나는 안락한 삶에 익숙해져 있는데, 이번 항해는 분명 공원 산책과는 다를 테니까. 그리고 비록 피츠로이 선장에게 사실대로 말하진 않았지만, 그래, 나는 배를 타면 멀미해.

 나의 모든 두려움을 가라앉혀준 사람은 조(조사이어 웨지우드 2세) 삼촌이었어. 삼촌이 아빠를 설득해서 결국 허락을 얻어냈어. 이렇게까지 된 상황에 더 이상 되돌릴 수가 없었지.

까마득한 옛날엔 모든 대륙이 하나로 연결되었다며?

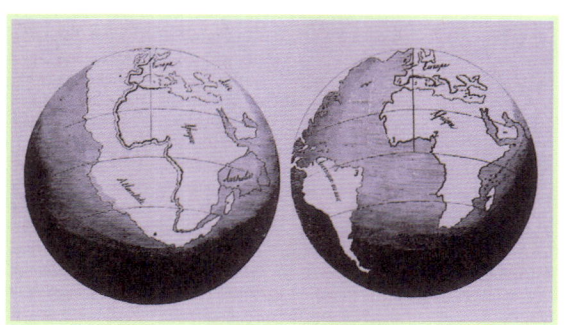

다윈이 항해를 떠난 1831년에는 사람들이 지구의 나이가 몇 천 년에 불과하다고 믿었어요. 지표면, 바다, 산의 모든 생물은 그 시대에 존재하던 모습 그대로 창조되었다고 믿었지요. 다윈이 횡단한 바다가 한때는 존재하지 않았고, 아메리카, 아프리카, 아시아 대륙이 모두 하나의 대륙(판게아)으로 연결되어 있었다고는 상상도 하지 못했어요. 판게아는 공룡과 지금 지구에 살아 있는 모든 동물의 조상들이 어슬렁거리고 돌아다니던 대륙이었답니다.

5. 모험의 시작

1831년 12월 27일, 비글 호는 뉴질랜드 데번포트에서 출항했어. 나에게 새로운 삶이 시작된 날이었지. 나는 비글 호에 책 수십 권을 들고 탔어. 그중엔 그리스어 성경, 밀턴의 『실낙원』과 인쇄소에서 갓 나온 따끈따끈한 책, 찰스 라이엘의 『지질학 원리』 초판도 있었어. 라이엘의 이론은 굉장히 흥미로운 가정을 바탕으로 하고 있었어. 산맥 형성이나 지층 생성 같은 커다란 지질학적 변화는 홍수나 끔찍한 재난의 결과가 아니라, 수백만, 수천만 년 동안 천천히 일어난 (그리고 지금도 일어나고 있는) 자연 현상의 결과라는 거야.

비글 호는 작은 배였어. 피츠로이 선장과 나는 선실을 같이 써야 했는데, 2, 3평방미터에 지나지 않는 작은 공간에 육분의며 작은 망원경까지 있었지. 내 일기장을 둘 곳조차 찾기 어려웠어. 항해를 하면서 수십 권을 채웠는데 말이지.

피츠로이는 정말 참아주기 힘든 사람이야.
(합법적인 혈통은 아니었지만) 찰스
왕의 혈통이었고, 영국 왕실 해군
장교였으며, 이런 항해에 있어서는
베테랑이었어. 하지만 걸핏하면
신경질을 부리더라고. 자기에게
반대하면 뭐든지 반란이래. 한번은
자기에게 지극히 정상인 노예 제도에
대해 끔찍하다고 말했다가 배에서 내려야 할 뻔했어.

출항 후 나는 밤새도록 뱃멀미를 했어. 또 다른 폭풍우가
몰려왔지. 바다에도, 내 뱃속에도, 내 마음에도. 초보
박물학자라지만 원래 난 영국 교회의 예비 성직자잖아.

나 자신에게 묻게 되더라고.
"바다 한가운데서 대체 뭐
하고 있는 거냐고?"

그렇지만 날이 밝고 바다가
잔잔해지자, 비글 호는 온갖
동물과 새로 가득한 푸르른
섬 주변에 천천히 다다랐어.
내 마음도, 뱃속도 금세 나아졌지. 드디어 육지에 발을 내딛는
거야. 우리가 내릴 곳은 카보베르데 제도에 있는 산티아고였어.
처음 보는 곤충과 꽃을 채집할 수 있을 거야. 드디어 내 역할을
하게 되는 거지.
이젠 이 탐험이 어떻게 끝나든, 내가 옳은 결정을 했다는
확신이 들어.

화석이란 게 도대체 뭐지?

화석은 수백만 년, 수천만 년 전 과거에 살았던 동식물의 유해, 자국, 또는 흔적이에요. 많은 화석이 아주 오래전부터 발견됐지요. 중국에서는 화석이 어찌나 흔했는지 화석을 용뼈라 부르면서 한약재로 사용했어요. 다윈의 시대 박물학자들에게 공룡 뼈를 포함한 화석은 살아 있는 종과는 아무 상관이 없어 보였어요.

6. 항해를 함께한 동료들

비글 호에서는 동료, 관리, 승객을 포함해 수십 명과 함께 지내야 했어. 장교 후보생인 필립 킹, 예술가인 아우구스투스 얼과 친구가 되었지. 얼은 탐사 중에 만난 장소와 생물에 연필로 영원한 숨결을 불어넣어 주는 화가였어. 심스 코빙턴이라고, 플루트를 연주하던 어린 소년이었지만 나중에 내 조수가 될 친구도 만났지. 코빙턴은 나를 많이 도와줬고 나는 그에게 새 박제하는 법, 꽃과 곤충 표본 만드는 법을 가르쳐줬어. 비글 호에는 또 아주 특이한 승객 세 명이 타고 있었어. 푸에기아, 요크, 제미라는 친구들인데, 셋 다 남아메리카 대륙 남단에 있는 티에라델푸에고 주민들이었지.

이 세 명은 지난 탐사에서
피츠로이 선장에게 붙들려서
런던으로 끌려갔어. 그들이
원래 살던 곳에서는
사람들이 발가벗고 다니고,
야만적이지만 자유롭게

살았대. 런던에서는 좋은 집안의 영국 청년들처럼 기독교 신앙
교육을 받았다고 해. 그들을 배 위에서 자주 보지는 못했어.

그런데 비글 호가 적도를 지날 때 푸에기아, 요크, 제미가
함교에 나타났어.

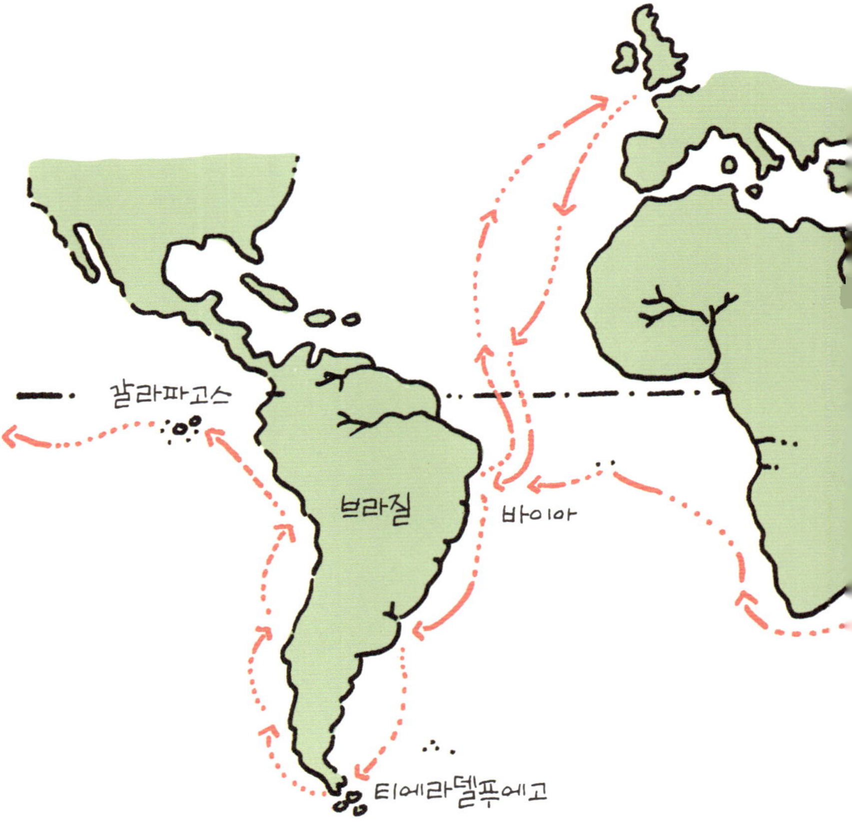

배 타는 사람들은 '적도'라는 가상의 선을 지날 때 축하를 하는 풍습이 있어. 신참 뱃사람들이 하던 대로, 나도 눈을 가리고 바닷물로 '세례'를 받았지.

1832년 2월 28일, 출항 2개월 만에 드디어 신대륙인 브라질 바이아에 발을 내디뎠어. 세계 탐험의 첫 주요 기착지였단다.

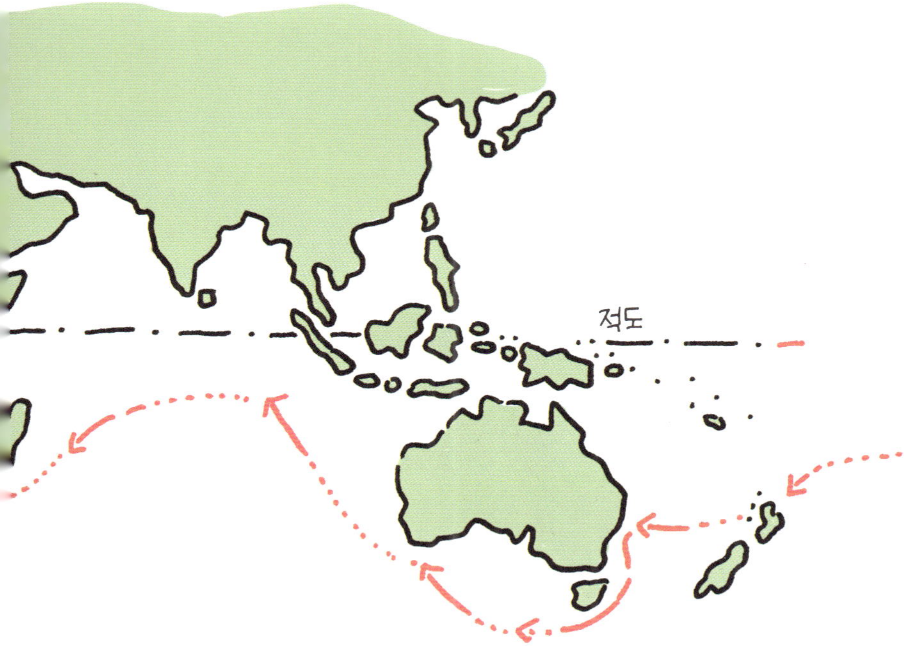

라마르크, 진화론을 주장하다

다윈이 살던 시대 사람들은 모든 종이 완벽하고 변하지 않는다고 믿었어요. 하느님이 직접 단 한 번에 모든 생명체를 지어냈다고 믿었거든요. 프랑스의 생물학자 장 바티스트 라마르크 (1744~1829년)만이 생물이 변화하고 자연적으로 발생한다는 '불경한' 생각을 지지했어요. 라마르크는 수년간 무척추동물을 연구한 끝에 그들이 진화했다고 결론 내렸어요.

7. 자연의 경이로움이 가득한 곳

박물학자에게 브라질은 즐거움이 가득한 낙원이야. 엄청나게 큰 나무, 서로 얽혀 있는 덩굴, 특이한 동물과 거대한 곤충까지 신기한 게 많거든. 몇 십 미터를 걸을 때마다 새롭고 놀라운 광경을 마주하게 되지.

바닷가에 임시 숙소가 마련됐어. 장교 후보생 두 명과 정원이 딸린 아름다운 집에서 지내게 됐지. 대접과 존경은 감사하지만, 그렇다고 내가 빈둥거리려고 여기 온 건 아니지. 당장 말을 타고 4주간 탐사 여행을 떠나기로 했어. 나에겐 항상 에너지가 넘치거든!

나는 매일같이 화석, 곤충, 새 표본 수백 가지를 수집했어. 모두 그동안 알려지지 않았던 종이었어. 생각해봐, 하루에만 서로 다른 거미 37종을 가져왔다니까.

하지만 정글에는 알 수 없는 위험도 도사리고 있었어. 비글호에 같이 탔던 동료 여덟 명이 사냥을 나갔다 온 후로 극심한 고열에 시달렸어. 아마도 어떤 벌레에 물린 것 같아. 그러다 하나씩 차례로 모두 세상을 떠났어. 내가 그들과 사냥을 나가지 않았던 건 정말 우연에 지나지 않았어!

브라질을 떠날 시간이 다가오자 나는 채집한 표본을 대형 상자 수십 개에 담아 런던으로 보냈어. 곤충과 식물 표본, 새 박제, 알코올에 보존 처리한 뱀이 들어 있었지.

7월 5일, 비글 호는 다시 남쪽으로 출항했어.

라마르크의 용불용설은 뭘까?

라마르크에 따르면, 한 종은 주변 환경 적응에 더 유용한 형질을 발전시키면서 다른 종으로 진화해요. 예를 들어, 라마르크는 기린의 조상이 사바나(열대 초원지대)에 살던 키 작고 배고픈 동물이라고 생각했어요. 나뭇잎을 따 먹기 위해 한 세대에서 다음 세대로 넘어갈 때마다 목이 길어졌다는 거죠. 하지만 라마르크의 이론은 훗날 잘못된 것으로 판명되었어요. 후천 형질(생물이 태어난 후 환경의 영향이나 기관의 용불용(用不用)에 의해 얻게 된 형질 – 옮긴이)은 후세에 유전되지 않는데, 이를 발견한 사람이 다름 아닌 다윈이랍니다.

8. 몬테비데오의 환영 인사

몬테비데오에서는
혁명이 한창이었어.
사방에서 총알이
날아드는 상황이라
배에서 내리는 건
좋은 생각이 아니었어.
이곳에서는 혁명이
일상이라고 하더군.

일 년에 혁명이 열 번 일어난 적도 있었다네!
그래서 라플라타 강을 거슬러 올라가 부에노스아이레스로
향했는데, 여기서도 일이 술술 풀리지는 않았어. 아르헨티나
사람들이 포탄으로 맞이해 주더라고.
그러더니 사과를 하던데. 그래서 드디어 배에서 내릴
수 있었어. 그런데 깜짝 놀랐지 뭐야. 여자들이 정말
아름답더라고! 영국에 있는 내 사촌들이 여기 여자들처럼 걷고
웃는 법을 배워야 하는데 말이지…

여기서 '팜파스'를 처음 봤어. 팜파스는 아르헨티나 사람들이 끝없이 펼쳐진 대초원을 부르는 이름이래. 여기도 풀, 저기도 풀, 눈 닿는 곳 어디든 초원이 펼쳐져 있었어. 타조 떼가 맹렬한 속도로 질주하는 걸 보기도 하고… 나중엔 타조 알과 고기도 먹어보게 됐어. 심지어 아르마딜로 구이까지 먹어보게 됐지. 이곳에서 나는 거대한 동물 뼈를 발견했어. 어마어마하게 큰 아르마딜로 뼈였지. 그 뼈를 보고 생각에 잠겼어. 뼈의 주인은 지금 살아 있는 아르마딜로와 동족일 텐데. 지금의 아르마딜로는 훨씬 작아.

그 후 비글 호는 몬테비데오로 돌아갔어. 이번엔 배에서 내릴 수 있었지. 육지에 도착하니 영국에서 우편물이 와 있네. 편지와 꾸러미 사이에 조지 라이엘의 『지질학 원리』 2권이 들어 있었어.

라이엘은 지구가 우리 생각보다 훨씬 더 오래됐다고 주장해. 그의 주장을 뒷받침하는 증거도 많아지고 있어. 지구가 생긴 지 수백만 년이나 됐을 수 있다는 거야.

그래도 피츠로이 선장은 지구의 나이가 아무리 많아도 몇 천 년이라고 믿어. 그렇게 생각하는 사람들이 많긴 하지.

라이엘, 다윈에게 큰 영향을 끼치다

비록 틀리긴 했지만, '생물 종은 완벽하고 변하지 않도록 창조되지 않았다'는 라마르크의 이론은 세상을 뒤집어 놓았어요. 같은 시대에 살았던 영국의 지질학자 찰스 라이엘 역시 화산과 빙하를 연구한 끝에 '신성한 진리'에 대한 믿음을 뒤흔들어 놓았죠. 라이엘은 에트나 화산을 연구하기 위해 이탈리아 시칠리아 섬에도 갔어요. 그곳에서 산은 단 한 번의 분화가 아니라 용암류가 천천히 누적되어 형성된다고 증명했지요. 지구는 성경을 통해 추론한 것보다 훨씬 더 오래됐고, 현재의 지형은 오랫동안 서서히 변화를 거친 결과라는 거였어요. 라이엘의 생각은 다윈에게 커다란 영향을 미쳤지요.

9. 티에라델푸에고

비글 호는 몬테비데오와
부에노스아이레스를 떠나
티에라델푸에고를
향해 출발했어.
티에라델푸에고보다
더 남쪽에 있는 곳은
남극뿐이야. 마젤란이 처음 방문했을 때 이곳에
살고 있던 원주민, 오나 족과 야간 족이 수많은 모닥불을
피워두어서 해변이 밝게 빛났대. 그래서
'티에라델푸에고(불의 섬)'라는 이름을 얻었다는군.

티에라델푸에고 원주민들을 만났을 땐 마음이 참 불편했어. 그들이 너무 가난하고 문명의 혜택을 누리지 못했거든. 인간이 이런 조건에서도 생존할 수 있는지 몰랐어. 오나 족 사람들은 영하 12도에서도 맨몸으로 자. 동물 가죽을 아주 조금만 덮고, 지방을 몸에 발라서 추위로부터 몸을 보호했어.

사냥이나 낚시를 하고, 연체동물을 먹고, 먹을 게 떨어지면 한 곳에서 다른 곳으로 이동하면서 살더라고. 어떻게 그럴 수가 있지?

우리는 소규모 정착지를 조성할 만한 곳을 찾고 있었어.
그래서 런던에서 교육을 받은 티에라델푸에고 사람들, 즉
푸에기아, 요크, 제미를 배에서 내려주기로 했어. 셋은
선교사와 함께 떠났어. 양배추 씨앗, 린넨 의류, 도자기
찻주전자처럼 자기들만의 필수품도 챙겨갔지.
지금 생각해보면 아마도 그들은 런던에서 행복하지 않았던 것
같아.
선교사는 곧 임무를 포기했어. 우리가 돌아왔을 때 그 젊은이
셋은 다시 몸에 털을 두르고 지방을 바른 채로, 매일 생존을
위해 싸우고 음식과 잘 곳을 찾아 헤매고 있었어.

놀랍게도, 그리고 속상하게도, 셋 중 아무도
우리가 '문명'이라 부르는 삶 그리고
런던으로 돌아가겠다고
하지 않더군.

멸종한 종과 현재 살아남은 종의 관계는?

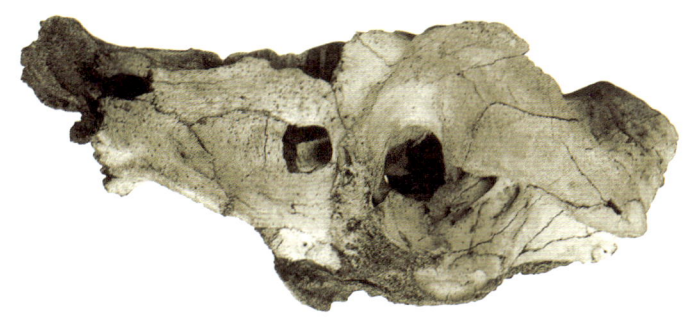

다윈은 항해를 하는 동안 공룡의 흔적을 찾지는 못했지만 다른 멸종 동물 화석은 많이 발견했어요. 그러면서 멸종한 종과 현재 살아남은 종 사이에 밀접한 관계가 있다는 확신을 얻게 되었지요.
하지만 아직 의문점도 남아 있었어요. 왜 이렇게 많은 멸종 종들의 화석을 발견하게 된 걸까요? 그리고 새로운 종은 어떻게 생겨나는 걸까요?
위 사진은 다윈이 아르헨티나에서 수집한 두개골 화석이에요. 톡소돈의 두개골이지요. 톡소돈은 이미 멸종한 동물로, 덩치가 코끼리만 한 설치류 동물이었어요. 물에서 살았는데 쥐와 하마 사이라고 할 만큼 특이한 동물이었지요.

10. 자연에서 얻은 깨달음

남아메리카에서 나는 너무나 많은 것들을 배웠어.
포클랜드 제도(아르헨티나인들은 '말비나스 제도'라 불러)에서는 조개껍데기 화석을 산더미처럼 많이 발견했어. 머나먼 옛 시대의 증거들이었지.
아르헨티나 카우보이들이 올가미로 사냥하던 과나코의 생태도 연구했어. 그리고 멸종 종의 화석이 많이 발견되는 곳이 예전에 숲이 아니라 사바나였음을 알아냈어.

나는 인디오들과 함께 지금 열대우림인 곳들을 찾아다녔어.
그곳에는 남아메리카 원조 호랑이라 부를 만한 재규어가
들끓었지.

나도 어마어마하게 고생을 많이 했어. 말을 타고 12일 만에
650킬로미터를 달렸고, 피츠로이 선장의 지휘 아래 강의 상류로
370킬로미터나 거슬러 올라갔지. 육지에서부터는 보트를 우리
몸에 묶어서 직접 끌고 가야 할 때도 많았어.

배고프고 목말랐지만 그럼에도 불구하고
나는 정말 행복했어.

모기나 다른
벌레로부터 몸과
얼굴을 보호해야
할 때도 많았어.
장갑 없이 일을
하러 나가면 벌레에
하도 많이 물려서
손이 검은색이 될

정도였어. 벌레들이 순식간에 달려들어서 피를 빨아먹었거든.
3일 동안 열이 난 적도 있었어. 심각한 병이 아니기만 바랐지.

그러다 정말 굉장한 사실을 발견했어. 이곳 땅은 해수면보다
2,000미터나 높이 솟아올랐어!

공룡 화석을 찾기 쉽지 않은 이유는?

공룡 화석을 찾기란 쉽지 않아요. 침식된 바위와 퇴적물이 층층이 쌓인 지층 속에 묻혀 있거든요. 오늘날 우리는 지표면이 여러 층으로 된 케이크 같다는 걸 알고 있어요. 각 층은 지구 역사상의 한 시기를 보여주죠. 더 깊은 곳에 자리한 층일수록 더 오래전에 쌓인 지층이에요. 예전에 바다였던 곳이 지금은 산, 평원, 강이기도 해요. 그 반대도 마찬가지랍니다.

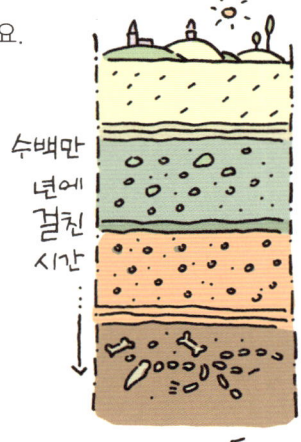

11. 생물 다양성의 보고, 갈라파고스 제도

이제 비글 호는 태평양을 항해하고 있어. 마젤란 해협을 건너서 칠레 연안을 지나 페루로 향했지. 콘셉시온에서 나는 지표면의 변화를 직접 목격했어. 강력한 지진이 일어나자 그곳의 지형이  해수면과 비교해서 확연하게 솟아오른 거야.

나는 해변을 따라 '블루 피전'으로 표본을 채취했어. 속이 빈 줄로, 바닥에 끌고 다니며 생물 종을 수집할 수 있었지. 그 무렵 나는 산호초가 형성되는 과정을 알아냈어. 얕은 바다에서 계속 자라나는 산호초는 다른 산호의 몸체에 붙어 성장하면서 몸체를 키우는 거야.

1835년 9월 15일, 갈라파고스 제도에 도착했어. 페루 해안에서 800킬로미터 이상 떨어진 곳에 있는 섬들이지. 갈라파고스 제도의 섬들은 모두 적도 근처에 있는데 서로 기후, 기온, 초목 등이 모두 달랐어. 참 특이했지.
갈라파고스 제도의 동물상을 보면서 뭔가 깨달음을 얻을 수 있었어.

이를테면, 갈라파고스 땅거북을 보면 등딱지 모양과 색깔만으로 어느 섬의 거북인지 금세 알아낼 수 있어.

각각의 섬마다 고유한 거북, 핀치새, 이구아나 종이 있는데, 이들은 육지 종들과 비슷하면서도 서로 달라.

마치 각각의 섬이 자기 환경에 가장 잘 적응한 종을 '만들어낸' 것 같단 말이지.

핀치새 부리의 모양은 왜 다르지?

갈라파고스에 머무는 동안 다윈은 육지에서 매우 멀리 떨어진 그곳에 핀치새 13종이 살고 있다는 점에 주목했어요. 핀치새들은 서로 비슷했고, 육지에 사는 종들과도 비슷했어요. 그런데 부리 모양만큼은 확연히 달랐지요. 다윈은 그런 차이가 우연이 아니라고 생각했어요.

아마도 핀치새 한 종이 섬으로 날아와 이후 13가지 종으로 분화되었을 가능성이 높다고 본 거죠. 갈라파고스 제도에는 먹이나 둥지를 틀 만한 곳이 굉장히 다양하고 많았기 때문에, 섬에 처음으로 정착한 핀치새들은 천적의 위협이 없는 상황에서 정착지의 환경 조건에 따라 서로 다르게 적응한 것이랍니다.

12. 대장정의 마무리

우리는 갈라파고스 제도에 6주간 머물렀어. 그 후엔 타히티로 향했지. 타히티는 유쾌한 원주민들이 사는 아주 아름다운 섬이었어.

그다음엔 뉴질랜드에 정박해서 마오리 족과 함께 1835년의 크리스마스를 보냈지.

1836년 1월 12일, 마침내 오스트레일리아에 내렸어.
박물학자인 나에게 오스트레일리아 대륙은 별세계 같았어.
마치 다른 조물주가 창조한 것 같다고나 할까?
오스트레일리아는 믿을 수 없을 만큼 신기한 동물들로
가득했어. 포유류와 조류의 혼종처럼 보이는 오리너구리,
캥거루, 주머니가 있는 늑대까지 있더라고.

우리가 아는 세상과 아득히 멀리 떨어진 이곳에서 우리가 아는
생물 종과 가장 멀고도 다양한 종들이 탄생한 것 같아.

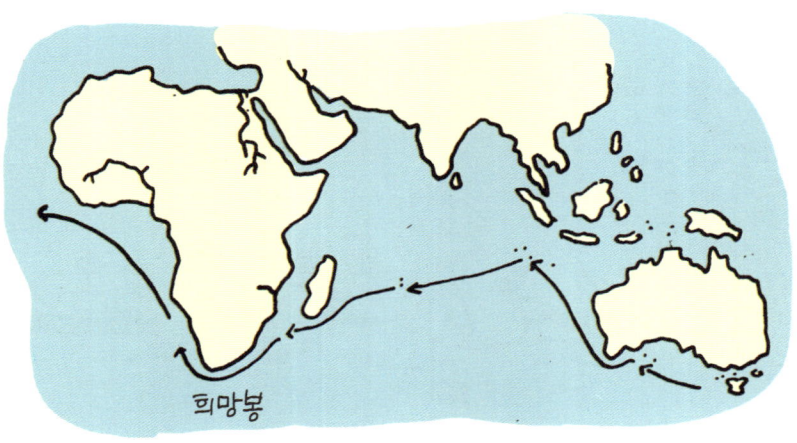

마침내 다시 바다로 향했어.
인도양을 가로질러 모리셔스 제도와 마다가스카르를 지나,
희망봉을 돌아서 세인트헬레나 섬을 지나쳤어. 바이아에서 잠시
머물러야 했고, 그 뒤에는 영국으로 향했어.

그런데 그즈음 나는 아팠어. 열이 날 때가 잦았지.
그래서 집에 돌아간다니 좋더라고.
비글 호를 타고 거의 5년이나 세계를 여행한 끝에 팰머스
항구의 모습을 보게 되었어.

공룡의 종류가 엄청나게 많았다면서?

오늘날 공룡은 2억 2천 8백만 년 전에 지구상에 나타났다고 알려져 있어요. 공룡은 지구상에 1억 6천만 년 이상 존재했지요. 그렇게 굉장히 오랫동안 지구상에 살면서 공룡은 약 700종으로 다양하게 분화되었어요. 초식공룡, 육식공룡, 해양공룡, 육지공룡 등으로요. 몸 길이가 30미터에 이르는 공룡도 있었지만, 쥐처럼 작은 공룡도 있었답니다.

13. 성공한 박물학자

아빠는 비글 호 항해 이후로 내 머리가 달라졌대.
나도 그렇게 생각해. 적어도 내 안에서 뭔가가
분명히 달라졌거든.

할 일이 많아. 영국으로
보냈던 표본들을
정리해야 하거든.
오웬 교수가
도와줘서
다행이야.

그리고 내가 유명해졌어. 비글
호에서 내가 써 보낸 글에 일반인들까지도
관심을 보였대. 그래서 런던에서 가장 인기 있는
모임들에 초대받고 있어. 부인들도, 젊은 아가씨들도
내 주변에 몰려와서 내가 가봤던 먼 나라들에 대해 물어봐.
너에게만 하는 말인데, 이렇게 관심을 받으니 굉장히 기분이
좋네.

엠마

하지만 도시에서의 정신없는 삶은 나와 어울리지 않아. 아내와 아이들과 함께 시골에 있는 집에서 살고 싶어. 1838년 11월 11일, 나는 아름답고 다정한 나의 사촌, 엠마 웨지우드에게 결혼하자고 했어. 엠마가 나의 청혼을 받아줬지.

엠마와 나는 정원과 온실, 마구간이 있는 커다란 저택인 '다운 하우스'로 이사했어.

1839년 12월에는 내 아이 열 명 중 첫째, 윌리엄이 태어났단다.

1839년은 나의 세계 일주 이야기를 담은 첫 책을 출간한 해이기도 해. 비글 호에서 쓴 일기였지.

나는 지질학에 관해 강연하고 글을 썼어. 찰스 라이엘의 생각을 지지했지. 환경과 지표면은 항상 원래 모습 그대로 유지되지 않아. 반복적인 재난이나 홍수로 지금의 모습이 된 것도 아니고. 그보다는 지금도 계속 진행 중인 힘이 작용한 결과야. 그 힘은 아주 느리지만, 끊임없이 변화를 일으켜. 바다 밑바닥이 2,000미터에 가까울 만큼 높은 산이 되도록 밀어 올리거나 그만큼 깊은 해구가 되도록 밀어 넣을 수 있는 힘이지.

포유류의 조상, 시노그나투스

공룡 시대 초기, 솟아오른 땅이 하나의 거대한 대륙을 이루던 시절에는 신기한 동물들이 많았어요. 파충류와 포유류의 특성을 모두 가진 동물들도 있었는데 '개의 턱'을 의미하는 '시노그나투스'도 그중 하나예요. 시노그나투스는 몸이 털로 덮여 있었을 것으로 추측돼요. 포유류의 조상이었으니 우리의 조상이었기도 하네요.

14. 종의 기원

나는 세계 항해에 관해서는 기꺼이 이야기하고 글을 썼어. 하지만 세계 항해를 통해 얻게 된 어떤 불편한 생각은 아주 소수의 친구에게만 털어놓을 수 있었어. 난, 시간이 지남에 따라 생물 종이 변화할 수 있다고 생각해. 실제로 정말 변하거든.

너에게는 내 말이 이상하게 들리지 않겠지. 그렇지만 나와 같은 시대를 살던 사람들에게 이는 곧 하느님의 완벽한 작품에 의문을 제기한다는 뜻이었어. 구체적인 증거 없이는 아무 말도 하고 싶지 않았지.

게다가 생물 종이 어떤 메커니즘으로 형성되는지 아직 알아내지 못했거든.

그런데 1838년, 토머스 로버트 맬서스의 책을 읽다가 모든 게 명확해졌어. 우리 시대 사람들에게 대단한 반향을 불러일으킨, 『인구론』 이라는 책이었어.

맬서스가 책에서 펼친 주장은 선구적이었어. 예를 들면 모두가 먹을 만큼 음식이 충분하지 않을 땐 강자만이 살아남고 약자는 도태된다는 거야.
꼭맞는 말은 아니지만, 이제 한 종이 다른 종으로 변화하게 만드는 메커니즘이 무엇인지 분명히 알겠어. 종은 자연선택을 통해 진화하는 거야.

환경 조건이 변화하면 새로운 환경에 가장 적합한 형질을 갖춘 종이 살아남는 거지. 그렇게 살아남은 종은 번식을 통해 후손에게 그런 형질을 전달하고.

기린의 조상으로 설명해볼까?
목이 짧은 기린, 보통인 기린, 긴 기린이 있었다고 해보자.
모두가 풀을 야금야금 뜯어 먹었어. 높은 나무에 달린 잎사귀는
목이 긴 기린만 먹을 수 있었겠지. 그런데 환경 조건이 변했어.
땅에 있던 풀이 사라지고, 먹이라고는 나뭇잎밖에 남지 않았어.
그러자 목이 긴 기린만 살아남아서
지금의 기린이 된 거지.

공룡 복원 작업은 정말 어려워!

'공룡의 아버지'이자 대영박물관 초대 관장을 지낸 리처드 오웬 교수는 공룡 모델을 만들어서 전시하자는 아이디어를 떠올렸어요. 오웬 교수의 지시대로, 그리고 화가 겸 조각가인 리처드 호킨스의 도움을 받아 조선소에서 거대한 화석들이 조립됐어요. 조립된 공룡 뼈는 1851년 런던의 크리스털 팰리스에서 전시되었어요. 전시회는 엄청난 성공을 거두었지요. 굉장한 볼거리이긴 했지만, 오웬이 복원한 공룡의 모습은 그다지 정확하지 않았어요. 선사시대 동물 뼈를 조립하는 일은 지금도 쉬운 작업이 아니랍니다.

15. 이제는 세상에 나서야 할 때

이제 난 자연선택 이론에 확신을
가질 수 있게 되었어. 하지만 아직
발표하지는 않았어. 초고를 쓰고,
짧은 논문으로 발전시켰지만,
출간하지 않았지. 대신 집에
틀어박혀서 신기한 생물을
탐구했어. 만각류라고, 무한히
다양해 보이는 갑각류의
일종이야. 다행히 연구할 만한 가치가

있었어. 자연선택이 작용해서 이렇게 다양한 변종이 있다는
걸 입증할 수 있었거든. 달리 말하자면 나는 수많은 증거를
수집하고 결정적인 논거를 마련해서 나의 이론을 뒷받침하고
싶었던 거야.

1856년의 어느 날, 동료 박물학자인 알프레드 러셀 월리스가
보르네오에서 나에게 짧은 논문을 보내왔어. 몇 년간의 관찰
끝에 나와 아주 비슷한 생각을 갖게 됐더라고.

이제 더 이상 침묵해서는 안 되겠어. 1858년 7월, 우리와
공통으로 친분이 있는 과학자들이 린네 협회에서 나와 월리스의
논문을 함께 논의하게 되었어. 자연선택에 의한 진화론이
세상에 공개되는 순간이었지.

나는 산더미처럼 쌓인 '굉장한 책'의 원고를 잠시 밀어놓고
『종의 기원』이라는 제목으로 요약본을 집필했어.

그랬는데 놀라운 일이 벌어졌어. 초판 1,250부가 하루에 매진된
거야. 2쇄도 날개 돋친 듯 팔려나갔어. 3쇄도 마찬가지였지.
대중까지도 포함해서 거의 모든 사람이 내 이론을 좋아했어.
그런데 오웬 교수만큼은 전혀 좋아하지 않더라고.

'다이노서'라는 이름은 어떻게 만들어졌나?

오웬 교수는 공룡에 대해 '다이노서(Dinosaur)'라는 이름을 만들어냈는데, 토마스 헉슬리 (의사이자 박물학자, 다윈의 절친한 친구인 동시에 진화론 지지자)는 '오르니소스켈리다(Ornithoscelida)'라는 이름을 제안했어요. 헉슬리가 제안한 이름은 공룡과 새 사이의 유사점을 강조하는 이름이었지만, 오웬은 이를 무시해버렸어요.

16. 흠잡을 데 없는 이론

『종의 기원』이 〈타임〉에 실렸어. 책을 검토한 토마스 헉슬리가 내 아이디어를 '콜럼버스의 달걀'에 버금간다고 썼더라고. 헉슬리는 영국에서 가장 뛰어난 동물학자인 데다 나와 가장 친한 친구야. 그는 물론, 다른 학자들과 트리스타 수사, 성공회 신부이자 소설가 찰스 킹슬리 같은 성직자들까지도 내 이론을 지지해줬어. 그렇지만 내 이론의 신빙성을 떨어뜨리기 위해 책 한 권을 쓴 필립 고시 신부 같은 사람들도 있었지. 필립 고시는 자신의 책에서 세상이 6일 만에 창조되었다고 고집했어. 배꼽 모양이 완벽한 아담과 이브, 살아 있는 모든 종, 화석을 품은 바위까지도 말이야.

성경에 나오는 창조론을 뒤흔드는 의문을 제기했다는 이유로
나를 '영국에서 가장 위험한 사람'이라고 하는 사람도 있었어.

하지만 나를 가장 괴롭힌 적은 당연히, '공룡의 아버지'라 불린
리처드 오웬 교수였어. 오웬 교수는 유명한 고생물학자이긴
했지만, 성품이 악한 데다 시기심도 있었어. 나에게 맞서
옥스퍼드 대학 역사상 가장 유명한 토론을 벌인 상대, 윌버포스
주교를 지지하고 그에게 정보를 준 사람도 바로 오웬 교수였지.

다행히 내 친구 헉슬리는 받아치는 데 선수지!

외국 상황은 더 좋았어. 독일에서는 '생태학(Ecology)'이라는 용어를 만들어낸 에른스트 헤켈이 나를 지지한대. 미국에서는 아직 수많은 기독교 근본주의자들이 있음에도 불구하고 젊은 사람들이 모두 내 편이야. 프랑스에서만 좀 반대가 있나 봐. 퀴비에와 라마르크의 의견과 너무 연관돼 있대. 하지만 결국에는 다들 내 이론의 온당함을 인정하게 되었지.

날개를 가진 공룡, 콤프소그나투스의 발견

1858년, 날개와 비슷한 기관을 가진 공룡 '콤프소그나투스'가 발견되었어요. 콤프소그나투스는 두 다리로 걸었고 닭처럼 짧게 날 수도 있었어요. 다윈의 진화론을 입증해주는 증거로서 공룡과 새 사이에 연관성이 있음을 보여주는 적절한 연결고리였지요. 하지만 오웬 교수 같은 창조론자들은 콤프소그나투스가 가짜라며, 진화론자들의 주장에 힘을 보태기 위해서 만들어낸 존재라고 생각했어요.

17. 인류의 기원

내 인생은 이제 완전히 진화론에 관한 논쟁에 얽매여 있어. 힘든 시기였지. 특히 1871년에 인류의 진화에 대한 이론을 더 자세히 설명한 책, 『인간의 유래(인간의 기원)』가 출간되자 격렬한 공격을 받게 되었단다.

'인간은 유인원의 후손이다'라는 신문 헤드라인이 나왔어. 사실 난 한 번도 그런 말을 한 적이 없는데 말이야. 캐리커처와 풍자하는 기사가 쏟아져 나왔어.

찰스 다윈 경

내가 강연을 하고 있는 대학 강의실에는 누군가 '잃어버린 고리(missing link)'라는 간판을 멘 진짜 새끼 원숭이를 내려보내기도 했어.

아무튼, 인류의 기원에 대한 이론을 소개한 책은 성공을 거뒀어. 이듬해 출간한 속편『인간과 동물의 감정 표현에 대하여』도 마찬가지로 성공적이었지.
이 책에는 흥미로운 비교가 많았어. 나는 인간이 몸속에 지울 수 없는 하등한 동물의 흔적을 지니고 있다고 썼지.

공룡과 조류의 관계는?

토마스 헉슬리는 1863년 공룡과 조류 사이의 후손 관계를 처음으로 지지한 학자였어요.
그 이후로 여러 화석이 발굴되면서 공룡과 조류의 관계가 증명됐지요. 오늘날에는 심지어 공룡을 '조류계 공룡'과 '비(非)조류계 공룡', 두 집단으로 나눠야 한다고 생각하는 사람들도 있어요.
어떻든 결과는 마찬가지예요. 공룡은 다윈이 정의한 자연선택의 법칙에 따라 진화했다는 거죠. 어떤 공룡은 새가 되었고, 척추동물 중에서도 포유류 다음으로 가장 다양하게 분화된 집단이 되었어요.

18. 자연과 함께하는 삶

이제 나도 나이가 많이 들었어.
다운 하우스에서 살고 있지.
온실에서는 난초를 키우고, 곤충에 의한 수분 방식과 수분 방식이 진화에 미치는 영향을 연구하고 있어.

정원은 비둘기로 가득해. 나는 두 군데 품종 개량 클럽에도 가입했어. 인간이 변종에 미치는 영향을 검증할 수 있었지.

정원에는 '지렁이돌'도 있었어. 이 돌을 통해 지렁이가 땅을 파서 건물이나 도시 전체를 땅에 묻히게 할 수 있다는 걸 보여주려고 했지.

한편으로는 내 아이들과 그들의 행동도 연구했어. 내 연구는 훗날 현대 인류학의 기초가 되었단다.

나는 엄청난 인기를 누렸어. 특히 진보주의자들 사이에서 말이지. 칼 마르크스가 자신의 책을 나에게 헌정하려고 하기에 정중히 사양했어. 그건 옳지 않아 보였거든. 마르크스와 내가 연구하는 주제는 서로 다르단 말이지.

오래전 항해에서 얻은 열과 발작 증상이 점점 더 자주 나타나고 있어. 세상을 떠날 날이 얼마 남지 않은 것 같아. 하지만 내 마음은 차분하고 평화로워.

안녕! 다윈!

찰스 다윈은 1882년 4월 19일 다운 하우스에서 세상을 떠났어요. 아마도 남아메리카에서 오래전에 얻은 병 때문이었던 것 같아요.
다윈은 세상을 바라보는 사람들의 생각을 바꿔놓으려고 하지 않았어요. 그랬는데도 사람들의 생각을 완전히 바꿔놓았죠. 코페르니쿠스가 지구를 우주의 중심에서 밀어냈듯이 다윈도 인간을 생명 창조와 관련된 논의의 중심에서 밀어냈답니다. 지금은 이 사실이 그다지 혁명적으로 느껴지지 않지만, 우리는 그로 인한 결과를 일상에서 느끼고 있어요. 의식 있는 사람들은 이제 자연 속에서 인간의 역할에 대해 책임감을 느끼는 거죠.

많은 책과 이미지에서 보는 다윈은 긴 수염을 기른 병약한 노인의 모습이죠. 지혜롭고 심각해 보이고요.
하지만 다윈은 젊고, 과감하고, 유쾌한 사람이기도 했어요. 민주주의자에 노예제 폐지론자이기도 했답니다.
다윈이 살아 있었다면 분명히 공룡과 생태학에 관해 우리와 이야기하고 싶어 했을 거예요.

진화론 사전

DNA

살아 있는 세포 모두에 존재하는 중요한 분자로, 유전자의 구성 요소이다. 전체 생물의 '청사진'이 담겨 있다.

갈라파고스 제도

화산 폭발로 이루어진 섬이 모인 태평양의 제도. 적도에 걸쳐 있지만, 한류가 감싸 흐른다. 다윈은 갈라파고스 제도의 동물상을 관찰함으로써 고립의 효과와 자연선택이 이루어지는 메커니즘을 밝혀낼 수 있었다.

갈라파고스 제도

격변론

지구가 주기적으로 엄청난 격변을 겪는다고 주장하는 이론. 한 번의 대홍수로는 더 이상 지구의 역사를 증명하거나 새로 발견되는 화석의 유래를 설명할 수 없었던 19세기에 매우 인기가 있었던 학설이다. 이에 따라 퀴비에, 오웬, 기타 반(反)진화론자들은 대홍수 이후에도 큰 홍수가 여러 번 있었다고 가정했다. 사실상 지구에서는 주기적으로 멸종이 일어나고 있다. 어떤 사람들은 거대 운석의 충격을 이유로 들기도 한다.

격변론자

격변론 지지자. 19세기에 퀴비에, 오웬, 기타 많은 반(反)진화론자들이 대홍수와 창조가 반복됐다는 학설을 지지했다.

고생물학

화석을 분류하고 시대를 알아내는 등 화석을 연구하는 학문.

과나코

라마와 생김새가 비슷한 낙타의 친척. 안데스 산맥에서 산다. 과나코에겐 안 될 일이지만 매우 부드럽고 값진 털을 가지고 있다.

나무 (진화론적)

진화는 많은 가지가 뻗어 있는 나무로 표현할 수 있다. 나무의 몸체와 굵은 가지는 공통 조상을 나타낸다.

다윈, 에라스무스

1731~1802년. 찰스 다윈의 쾌활한 할아버지. 괴짜에 호기심 많은 학자로 훗날 손자가 발전시킬 아이디어를 내놓았다. DNA 개념도 그의 아이디어였다.

대(代)

지구 역사를 나누는 지질학적 시대 구분의 단위 중 가장 큰 단위(시생대, 중생대, 신생대). 대는 다시 기(紀)로 구분된다. 중생대는 트라이아스기, 쥐라기, 백악기로 나뉜다.

대륙이동설

지구 표면 위의 대륙들이 이동한다는 이론. 공룡들이 살던 시대에는 '판게아'라는 초대륙이 있었다. 나중에 판게아는 아메리카, 유라시아, 오스트레일리아, 인도 대륙 등으로 분열되었다. 수백만 년이라는 시간 동안 분열된 조각들이 지구 표면에서 이동함에 따라 지속적으로 기후 변화와 환경 변화가 일어났다.

라마르크, 장 바티스트

1744~1829년. 후천 형질이 유전될 수 있다는 주장을 지지한 프랑스의 박물학자. 하지만 그의 이론은 틀린 것으로 판명났다. 유전적 돌연변이만이 후대에 유전된다.

라이엘, 찰스

1797~1875년. 영국의 박물학자. 현대 지질학의 아버지.

린네, 칼 폰

1707~1778년. 동식물을 분류하는 이명법(속과 종)의 기초를 마련한 스웨덴 박물학자.

고양잇과 집고양이 　 고양잇과 사자 　 호모 사피엔스

멘델, 그레고리

1822~1884년. 슬로바키아 출신의 박물학자이자 아우구스티누스 수도회 소속 수도자. 유전 형질의 전달 원리에 대한 법칙을 밝혀냈다. 멘델의 성과는 20세기 초반까지도 알려지지 않았다.

완두콩 교배 실험으로 유전 법칙을 알아냈지.

변이성

한 집단 또는 종에서 나타나는 차이의 분포. 자연선택은 종의 생존에 더 적합한 '차이'를 선택한다.

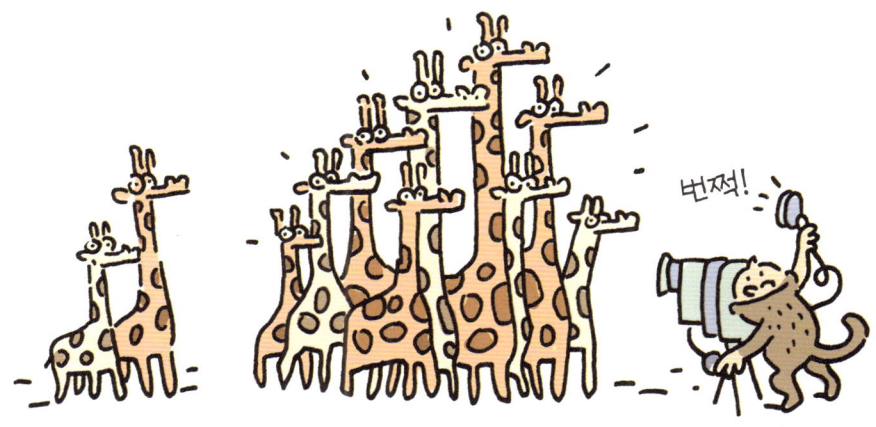

변종

한 종 안에서 약간의 형질 차이를 보이는 소집단.

뷔퐁, 장 루이 르클레크

1707~1788년. 인류 역사상 기념비적인 책이자 일러스트로 가득한 『자연사』를 집필한 프랑스의 박물학자. 『자연사』는 지역적으로는 멀리 떨어져 있지만, 생물학적으로는 가까운 종간 유사성과 관계를 조명한 첫 책이었다.

비교 해부학

다양한 동물의 기관을 비교하고 연관 관계를 연구하는 해부학 분야. 이에 따라 약간의 화석 조각만으로도 전체 동물의 기관의 형태와 기능을 추론할 수 있다.

사냥용 올가미

아르헨티나 팜파스 지역 카우보이들이 타조나 과나코를 사냥할 때 사용하는 도구. 가죽 줄로 감싸서 묶은 돌 두 개로 만든다.

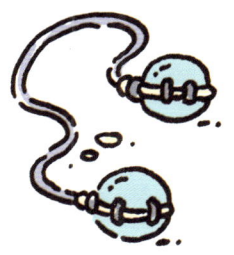

산호

관상식물과 비슷해 보이는 바다 생물 (강장동물, 산호충류). 산호의 석회질 뼈대가 환초와 태평양의 산호초를 이룬다. 비슷한 형성과정과 해수면 위로 솟아오르는 과정을 거쳐 산(예: 돌로마이트 산맥)이 되기도 한다.

속(屬)

다양한 관련 종을 구분하는 분류 체계. 같은 속에 속하는 종은 조상이 같다.

시조새

깃털 등 조류의 특징을 갖춘 공룡. 새와 공룡 사이의 연결고리로 여겨진다.

아담과 이브

다윈은 인간이 아담(남성) 한 명과 이브(여성) 한 명에서 비롯되지 않고 이전 종에서 진화를 통해 탄생했다고 주장한다. 이러한 진화는 이전 종 수천 명 사이에 자연선택을 통해 이루어진 결과다.

얼, 아우구스투스

비글 호의 세계 탐험을 그림으로 남긴 첫 화가. 아직 사진이 발명되기 전이라 얼의 그림은 오늘날까지 남아 있는 유일한 시각 자료다. 아래는 파타고니아 지역 산타크루즈 강가에서 수리 중인 비글 호의 모습.

원숭이

우리가 사촌 중 하나의 후손이 아니듯, 인간도 원숭이의 후손이 아니다. 하지만 호모 사피엔스와 유인원의 조상은 같다. 이미 멸종했을 뿐…

유전자

DNA의 일부로 유전 형질을 전달한다.

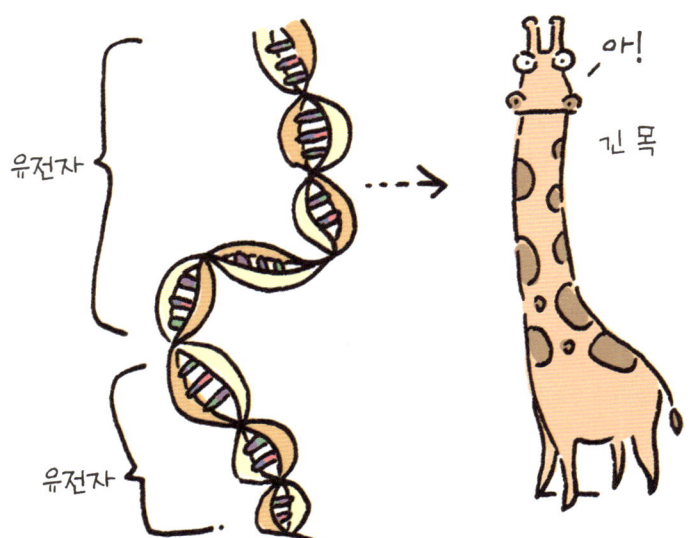

유전적 돌연변이

DNA의 임의적 (방사선 등을 통한) 변형을 통해 일어난다. 쓸모가 있거나 없을 수 있고, 위험할 수 있다. 자연선택이 일어나는 종의 다양성에 기여한다.

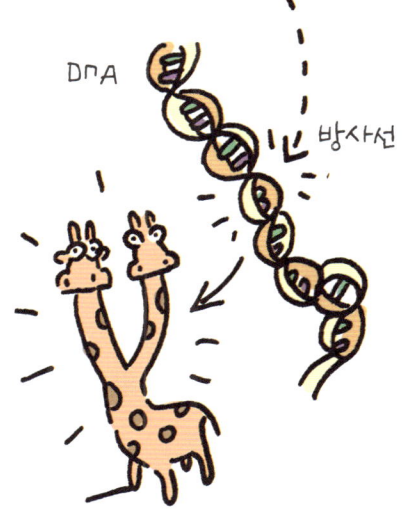

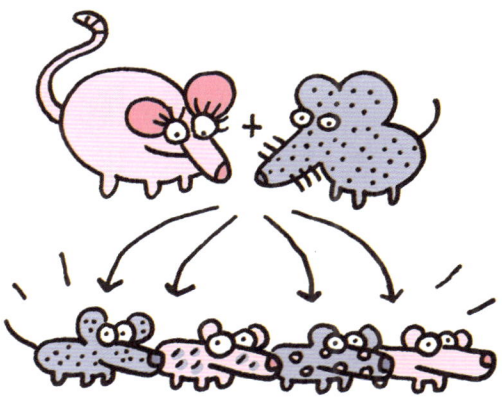

유전학

유전 형질을 연구하고 유전 형질이 선대에서 후대로 전달되는 방식을 연구하는 학문.

유전 형질

선대에서 후대로 전해지는 신체적 특성. 모발과 눈동자 색, 피부색, 키, 신진대사 등이 있다. 어떤 형질은 특정 환경 조건에 유리하고, 다른 형질은 다른 조건에 유리할 수 있다.

인류학

인간의 삶을 다양한 측면에서 연구하는 과학의 갈래.

잃어버린 고리

진화는 여러 종이 고리로 이어진 사슬이라 표현할 수 있다. 다윈의 이론에 반대했던 사람들은 중간 단계 종의 화석이 발견되지 않았다는 이유로 다윈의 이론이 틀렸다고 주장했다.

종

개체 사이에 교배가 가능하고 생식 능력이 있는 자손을 남길 수 있는 개체 집단.

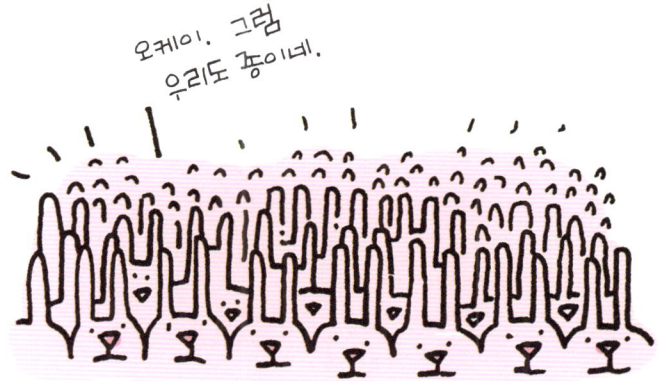

지렁이

땅속에서 살면서 필요한 영양성분을 얻기 위해 흙을 먹는다. 땅을 뒤섞고 비옥하게 하는 데 기여한다. 다윈은 지렁이들이 집, 마을 전체, 나아가 스톤헨지까지도 파묻히게 할 수 있음을 입증했다.

지질학

지구의 역사, 암석과 광물의 형성 등을 연구하는 학문.

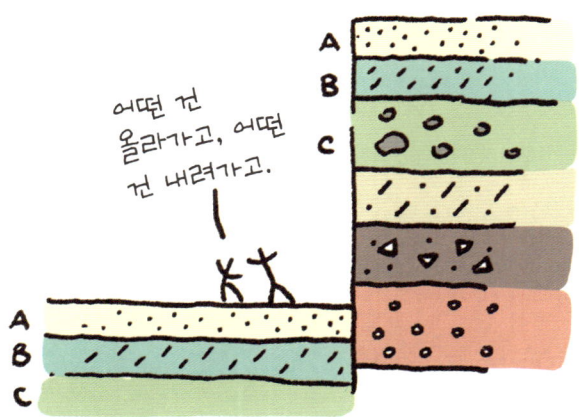

어떤 건 올라가고, 어떤 건 내려가고.

진화

자연선택을 통해서 한 종이 다른 종으로 변화하는 과정. 수백만 년, 수천만 년 전에 시작되어 지금도 계속되고 있다.

창조론자

신 또는 초자연적 존재의 개입으로 때때로 생물 종이 변하지 않도록 창조되었다는 주장의 지지자.

퀴비에, 조지

1769~1832년. 프랑스의 박물학자. 고생물학의 창시자이자 비교 해부학의 대가. 평생 확고한 창조론자에 격변론자였다.

톡소돈

남아메리카에 서식하던 커다란 포유류였으나 멸종된 동물. 찰스 다윈이 연구했다. 코끼리만큼 몸집이 컸지만, 설치류의 이빨을 가지고 있었다.

표석

어울리지 않는 곳에 존재하며 어디서 온 것인지 설명하기 불가능해서 어떤 지역에서는 '악마의 돌덩이'라고 불리기도 한다. 대부분 지금은 사라진 아주 오래된 빙하의 바닥 부분에서 발견된다. 얼음 강이 현재의 위치로 가져다 놓은 돌이다.

홍수

성경에 묘사된 대홍수는 노아가 살린 100여 종을 제외한 모든 동물의 목숨을 앗아갔다.

화석

수백만, 수천만 년에 이르기까지 과거에 살았던 동식물의 유해, 자국, 또는 흔적.

환초 형성 이론

환초와 산호초 생성에 관한 다윈의 이론. 섬이 침강하고 산 주변 해수면이 상승하는 동안 산호는 자신의 뼈대 위에서 성장을 거듭하여 환초가 형성된다.

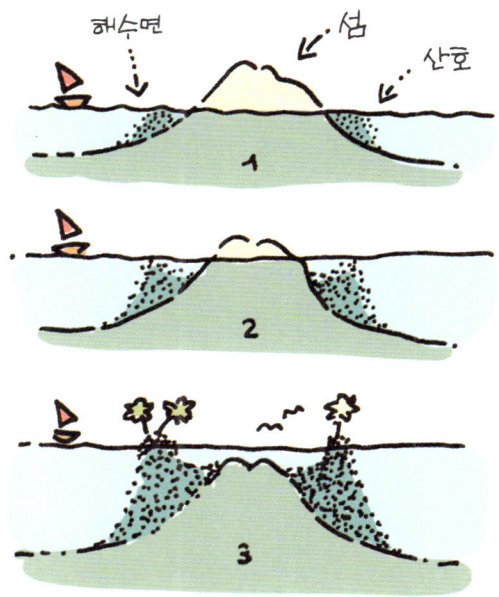

찰스 다윈 선생님께 드리는 10가지 질문

특별한 날에 이뤄진 특별한 인터뷰

2019년 2월 12일은 다윈 탄생 210주년이 되는 날로, '다윈의 날' 이었어요. 전 세계 많은 과학기관이 위대한 박물학자의 탄생을 기념했지요.

루카 노벨리는 이런 행사가 있음을 알고 인터뷰를 진행하기로 했어요. 런던의 웨스트민스터 대성당에 가서 다윈을 직접 만나게 해달라고 했지요. 장소가 워낙 엄숙하고 어두컴컴해서 편안한 만남에 어울리진 않았어요. 그래서 노벨리와 다윈은 밖으로 나가 가장 가까운 술집에 자리를 잡고 앉았어요. 맥주와 위스키를 마시기 전에 다음과 같은 질문과 답변이 오갔답니다.

Q 다윈 선생님, 쉬시고 계시는데 방해해서 죄송합니다. 하지만 선생님의 아이디어가 오늘날 다시금 큰 화제가 되고 있어요. 선생님의 이론에 사실은 오류가 있다고 주장하는 사람들이 있는데요. 탄생 210주년에 이런 일이 있을 거라고 예상하셨나요?

A 괜찮아요, 노벨리 씨. 우선 이렇게 신선한 공기와 위스키를 마실 수 있는 기회를 줘서 고마워요. 덕분에 케임브리지에서 대학 친구들과 함께했던 때로 돌아간 것 같네요. 그 시절엔 나중에 내가 뭘 할지 몰랐었죠. 어쨌든, 질문하신 내용에 대해서는 민망하군요. 내 이론에 오류와 빠진 부분이 있다고요? 그럴 수 있죠. 그저 과학 이론일 뿐인걸요. 하지만 자연선택에 의한 진화는 아직도 '살아 있는 생물 종은 어떻게 탄생했나?' 라는 질문에 대한 가장 합리적인 대답입니다. 모든 과학 이론은 수정이나 예외를 염두에 두어야 해요. 현대인은 DNA, 유전학, 자연선택이 이루어지는 돌연변이의 유래를 알고 있습니다. 이는 나로서는 상상도 못 했던 것들이지만 진화가 어떻게 어디에서 이루어지는지를 알려줬어요. 내 뒤를 이어 연구를 계속해준 모든 사람에게 감사한 마음입니다. 그분들의 기여가 저에게는 최고의 생일 선물이에요.

Q 다윈 선생님이 인권과 배치되는 주장에 영향을 미쳤다는 의견도 있습니다. 심지어 아직도 자연선택에 의한 진화론이 종교에 반한다고 여기는 사람들도 있어요. 어떻게 생각하시나요?

A 내 친구 토마스 헉슬리였다면 그건 말도 안 되는 소리라고 했을 거예요. 나는 내 이론으로 선과 악 사이의 끝없는 논쟁에 휘말리고 싶은 생각이 전혀 없었어요. 지구상의 모든 사람이 누려야 할 권리나 기회를 제한하고 싶지도 않았고요. 시민으로서의 권리, 즉 시민권은 내가 열심히 옹호했었던 권리인걸요.
진화는 우리 인간을 포함해 살아 있는 생물 종들에게 수백만 년에 걸쳐 이어진 과정을 설명할 뿐이에요. 우리끼리 말이지만, 우리가 지금 존재하는 건 우리 조상들이 다른 동시대 사람들보다 생존에 더 적합했기 때문이지요.

하지만 내 이론을 사회적, 정치적 변화에 적용하는 건 위험해요. 나는 내 이론이 그렇게 확장되는 데 동의하지 않아요. 살아 있을 때도 동의하지 않았고, 지금도 동의하지 않아요.

종교에 대해서는, 글쎄요, 여러분 시대에 아직도 이 문제에 대해 논란이 있다니 놀랍습니다. 나는 신앙이 있는 사람이었고, 영국 성공회 성직자까지 될 뻔했어요. 신을 믿는 사람이라면 천지창조가 7일이 아니라 150억 년에 걸쳐 이루어졌다고 누군가 증명해도 아무것도 달라질 게 없어요. 아인슈타인이 말했듯이 시간은 상대적이에요. 우리의 우주에서 하루는 다른 우주에서는 백만 년이 될 수도 있는 거예요. 성경 때문에 진화론이 사실일 수 없다는 것도 순진한 생각이에요. 성경은 노아의 방주처럼 의미 있고 놀라운 이야기로 가득하지만 그런 이야기들을 글자 그대로 받아들일 수는 없거든요.

Q 다윈 선생님, 노아의 방주가 등장했던 대홍수가 실제 있었을 가능성은 생각해보셨어요?

A 로버트 피츠로이 선장이 대홍수에 집착했었지요. 비글 호를 타고 항해를 하던 시절, 커다란 멸종 동물의 뼈를 발견할 때마다 피츠로이 선장은 "대홍수 이전 시대 동물을 또 만났군"이라고 말했죠. 사실 세계 탐험을 하던 중에 우리는 여러 재난에 대한 증거를 발견했어요. 이러한 재난이 동식물의 대규모 멸종으로 이어진 게 분명했고요. 하지만 그렇다고 해서 새로운 종이 탄생하는 메커니즘을 놓쳐서는 안 돼요. 이 메커니즘은 점진적인 데다 너무 느려서 수백만 년까지도 지속될 수 있어요.

다윈과 같이 승선했던 화가,
콘라드 마르텐스가 그린 비글 호

Q 진화가 어떻게 이루어지는지 언제 알게 되셨나요?

A 세계 항해 중이었던 게 확실해요. 세계 일주는 굉장한 탐험이기도 했지만, 자연선택을 이해하고 관련된 수많은 자연 현상을 느끼도록 도와준 정신적 여행이기도 했어요.

비글 호의 로버트 피츠로이 선장

Q 선생님의 이론을 비판하는 사람들은 현재 살아 있는 종과 대홍수 이전 종 사이에 존재했던 중간 단계의 생물 화석이 발견되지 않을 때가 있다는 사실을 내세우는데요. 이렇게 '잃어버린 고리'가 있다는 건 어떻게 설명하시겠어요?

카피바라

A 노벨리 씨, 그렇게 말도 안 되는 말을 하는 사람들은 뭐라고 말을 하기 전에 자기가 직접 배낭을 메고 제가 떠났던 항해를 직접 그대로 떠나봐야 해요. 그러면 자연 속에서 진화가 어떻게 일어나는지 금세 알게 될 거예요. 진화는 수백만 년에 걸쳐 아주 단순하게, 순간순간 일어나고 있어요. 오늘날 우리는 지구상에 살고 있는 다양한 생물 종의 아주 일부만을 알고 있어요. 그래도 150만 종 이상의 생물이 있어요. 그보다 훨씬 더 많은 수가 멸종되었고, 그들이 진화하거나 멸종하는 동안 지표면은 수없이 안팎이 뒤집히거나, 우그러지거나, 카펫처럼 흔들렸어요. 그러니 이전 종의 흔적은 정말 많이 남아 있지 않아요. 하지만 현재 존재하는 종들만 봐도, 진화를 거친 생명체에 얼마나 다양한 미묘한 차이가 있을 수 있는지 알 수 있어요. 예를 들어보죠. 고래의 조상은 쥐 정도 크기였는데 육지에서 뛰어다녔어요. 아주 조금씩, 수십만 년에 걸쳐 점점 더 바다 환경에 적응했답니다. 중간 단계라 할 만한 종의 화석은 거의 없지만, 세계를 항해하면서 우리는 잃어버린 고리와 비슷한 종들을 너무나 많이 볼 수 있었어요.

Q 그런데 선생님의 이론을 공격하는 사람들은 이론의 중심에 생존을 위한 투쟁과 적자생존이 자리하고 있다고 강조하는데요. 이 부분은 사실 좀 부정적이죠.

A 일단, 나는 적자 또는 가장 잘 적응한 종의 우월성에 대해 이야기한 적이 없어요. 갈라파고스 제도에 사는 바다이구아나를 예로 들어볼까요? 바다이구아나의 조상이 갈라파고스라는 화산섬에 도착했을 때 그곳의 육지에는 먹이가 거의 없었어요. 잠영을 하고 해조류를 먹도록 적응한 개체만이 살아남았어요. 강하고 위압적인 개체가 살아남은 게 아니죠. 그렇게 해서 새로운 종이 탄생하는 거예요.

인간을 보면 지난 십만 년 동안 가장 많이 진화한 기관이 뇌예요. 어려운 시기에 살아남은 사람은 가장 크고 튼튼한 사람이 아니라, 가장 똑똑한 사람이었어요. 적자생존 법칙이 유효했다면 우리 모두의 신체적 조건은 아놀드 슈왈제네거와 비슷했을 거예요. 하지만 우리 주변을 둘러보면 신체적 조건이 모두 다양하죠. 뇌라는 측면에서도요.

육지이구아나

갈라파고스 해변에 있는 바다이구아나

Q 다윈 선생님, 선생님이 떠났던 탐사 여행에 대해 더 말씀해주시죠. 그 항해가 과학자로서 선생님의 경력에 있어서 가장 중요했던 사건이었던 것 같아요. 맞나요?

A 네, 물론이죠. 하지만 비글 호를 타고 다닌 항해 자체는 그다지 흥미롭지 않았어요. 뱃멀미로 고생했고, 육지에 내릴 수만 있으면 최대한 빨리 내렸어요. 비글 호가 브라질 해변에서 탐사를 할 동안 리우데자네이루에서 몇 달 머무를 정도였죠. 나는 600킬로미터나 말을 타고 팜파스를 가로질러서 부에노스아이레스에 있는 친구들 집에서 머무르기도 했어요. 비글 호는 부에노스아이레스에 정박한 적이 없어요. 영국 군함이었으니 정박했다면 아르헨티나 수도 경비대의 포격을 받았겠죠.

칠레, 타히티, 오스트레일리아에서도 나는 오랫동안 육지에
머물렀어요. 사실 내가 했던 관찰과 연구 활동의 대부분은
육지에서 이뤄졌지요.
그렇게 해서 굉장히 다양한 환경을 관찰할 수 있었어요.
열대우림부터 파타고니아 스텝 기후 지대까지, 바다에서
솟아오른 거대한 빙하부터 끊임없이 활동하는 화산까지 말이죠.
이런 자연을 보면서 나는 지표면이 끊임없이 움직이고 있으며,
환경이 느리지만 거침없이 변화하고 있음을 알 수 있었어요.
이런 환경 속에 사는 생물들은 새로운 종으로 변화하며
적응하거나 멸종하는 거예요.

갈라파고스 제도의
산타크루즈 섬에
사는 거북

Q 다윈 선생님, 남반구를 일주하셨잖아요. 세계 다른 지역에 가보고 싶지는 않으셨나요?

A 비글 호를 타고 항해를 하면서 나는 심각한 병을 얻었어요. 훗날 그 병 때문에 건강과 평범한 일상을 누릴 수 없게 되었지요. 자꾸만 열이 나고 갑작스런 통증이 찾아왔어요. 그래서 다운 하우스로 요양을 갔지요. 아내와 아이들과 함께 여생을 그곳에서 보내며 일도 하고 연구도 했답니다. 알프스와 알프스 지역 빙하들을 보러 갔으면 좋았을 텐데 말이죠. 알프스 산맥도 안데스 산맥처럼 고도가 높지만 해상 화석을 찾아볼 수 있는 곳이랍니다. 돌로마이트 산은 한때 열대 바다 한가운데 서식하는 산호환초였어요. 그 위에 올라가 볼 수 있었다면 좋았겠죠.

유럽 다른 지역에서도
흥미로운 화석을 수집할
수 있었을 거예요. 지금의
파리에는 옛날에 풀을
뜯어 먹던 커다랗고 털
많은 코뿔소가 살았고,
이탈리아 포밸리에는
고래와 돌고래가
헤엄쳤어요. 그런 곳에
탐사를 가지 못해서 좀
아쉽네요. 기회가 생기면 꼭 가보세요.
저를 대신해서라도요.

피츠로이 선장의 이름을 따서 명명한 파타고니아 지역 안데스 산맥의 한 봉우리.

티에라델푸에고에서 촬영한 마젤란펭귄

Q 저희 시대에 대해 마음에 드는 점과 들지 않는 점이 있으시다면요?

A 노벨리 씨가 사는 세상이 어떤지는 꽤 잘 알고 있어요. 매일 웨스트민스터 대성당을 메우는 사람들의 생각이 몰아치는 것을 들을 수밖에 없거든요. 요즘 사람들이 굉장한 진전을 이뤘다는 말을 하고 싶네요. 끔찍한 질병도 물리치고, 이제는 마차도 타지 않고, 기근을 두려워하지도 않아요. 뉴욕에서 싱가포르까지 순식간에 이동하고… 하지만 사람들이 산만해졌고 인류의 미래가 걱정되기도 해요. 인간은 자연환경을 완전히 바꿔놓았고 지구의 기후를 변화시켜서 그 결과를 알 수가 없게 되었어요. 사람들은 잠시도 멈춰서 생각하려고 하는 것 같지 않아요. 내가 살았던 시대와는 많이 달라요. 나는 내 이론을 발표하기 전에 20년이나 망설였어요. 여러분은 너무 많은 일을 전부 빨리 처리하고 있어요. 런던에서는 사람들이 더 이상 오후 5시에 하던 일을 멈추고 차를 즐길 여유도 없는 게 아닌가 걱정돼요. 끔찍한 일이죠.

Q 저희가 어떻게 해야 할까요?

A 자연에서 더 많은 시간을 보내고 여러분의 삶에 자연을 더 많이 들이세요. 자연 풍광을, 숲을, 식물 하나라도 파괴하기 전에 100번은 멈춰서 생각해보기를 바라요. 기계, 컴퓨터, 로봇과 경쟁하려고 하지 말고 인간 본연의 리듬을 회복하세요. 여러분이 기계의 주인이지, 그 반대가 아닙니다.
바라건대, 인류 문명이 지구를 위해 좀 더 지속 가능한 생활방식으로 진화했으면 좋겠어요. 좀 더 절제하는 생활방식을 통해 현재의 생활방식보다 더 큰 행복과 건강을 얻을 수 있을 거예요. 그게 내 소망이기도 합니다. 모두에게 행복한 진화가 되길 바라요.

별별 천재들의 과학 수업 ❹

다윈과 어마어마한 공룡

1판 1쇄 찍은날 2020년 5월 17일
1판 2쇄 펴낸날 2021년 10월 29일

쓰고 그린이 **루카 노벨리** | 옮긴이 **정수진**
펴낸이 **정종호** | 펴낸곳 **(주)청어람미디어(청어람아이)**
편집 **박세희** | 마케팅 **이주은** | 제작·관리 **정수진** | 인쇄·제본 **(주)에스제이피앤비**
등록 **1998년 12월 8일 제22-1469호**
주소 **03908 서울 마포구 월드컵북로 375(상암동 DMC 이안상암 1단지) 402호**
전화 **02-3143-4006~8** | 팩스 **02-3143-4003**

ISBN 979-11-5871-135-1 74400
　　　979-11-5871-128-3 (세트)

잘못된 책은 구입하신 서점에서 바꾸어 드립니다. 값은 뒤표지에 있습니다.

품명: 아동도서 | 사용연령: 8세 이상
제조국명: 대한민국 | 제조년월: 2021년 10월 | 제조자명: 청어람미디어
전화번호: 02-3143-4006 | 주소: 03908 서울 마포구 월드컵북로 375, 402호
종이에 베이거나 긁히지 않도록 조심하세요.
책 모서리가 날카로우니 던지거나 떨어뜨리지 마세요.

KC마크는 이 제품이 공통안전기준에 적합하였음을 의미합니다.

별별 천재들의 과학 수업 시리즈는 출간 후 20년 동안 전 세계의 수많은 언어로 출간되어 어린이 독자들에게 가장 많이 사랑받아온 과학 위인전입니다. 인류 역사를 바꿔놓은 위대한 과학자들의 삶과 업적을 통해 과학하는 즐거움을 느끼고 과학자의 꿈을 키워 보세요.

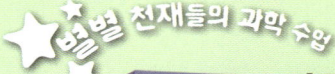

호킹과 신비한 블랙홀
루카 노벨리 글·그림 | 김영옥 옮김 | 112쪽 | 12,000원

건강 문제로 인해 휠체어를 타고 목소리를 잃는 역경을 극복하고 우주의 시작과 끝인 빅뱅과 블랙홀을 탐구하여 우주에 대한 새로운 지평을 열어준 호킹의 삶과 과학 이야기.

아인슈타인과 신기한 타임머신
루카 노벨리 글·그림 | 정수진 옮김 | 112쪽 | 12,000원

바이올린을 사랑했고 괴짜였던 어린 시절부터 물리학에 대한 열정을 키우며 특허청에서 일했던 경험, 그리고 상대성 이론과 평화를 향한 열정까지 아인슈타인의 삶과 과학 이야기.

테슬라, 전기의 마술사
루카 노벨리 글·그림 | 김영옥 옮김 | 112쪽 | 12,000원

교류전류, 전기자동차, 원격조종, 레이더에서부터 수직 이륙 비행기에 이르기까지 오늘날 우리가 매일 사용하는 많은 기술을 누구보다 먼저 예견하고 발명했던, 전기의 마술사 테슬라의 삶과 과학 이야기.

뉴턴과 세상을 바꾼 사과 (근간)

인류 역사를
바꿔놓은 천재들이
직접 들려주는
삶과 과학 이야기